AF199010

school - la escuela	2
travel - el viaje	5
transport - el transporte	8
city - la ciudad	10
landscape - el paisaje	14
restaurant - el restaurante	17
supermarket - el supermercado	20
drinks - las bebidas	22
food - la comida	23
farm - la granja	27
house - la casa	31
living room - la sala	33
kitchen - la cocina	35
bathroom - el cuarto de baño	38
kids room - la habitación de los niños	42
clothing - la ropa	44
office - la oficina	49
economy - la economía	51
occupations - los oficios	53
tools - las herramientas	56
musical instruments - los instrumentos musicales	57
zoo - el zoo	59
sports - los deportes	62
activities - las actividades	63
family - la familia	67
body - el cuerpo	68
hospital - el hospital	72
emergency - la urgencia	76
earth - la tierra	77
clock - hora(s)	79
week - la semana	80
year - el año	81
shapes - las formas	83
colors - colores	84
opposites - los opuestos	85
numbers - los números	88
languages - los idiomas	90
who / what / how - quién / qué / cómo	91
where - dónde	92

Impressum
Verlag: BABADADA GmbH, Nedderfeld 112 , 22529 Hamburg
Geschäftsführer / Verlagsleitung: Harald Hof
Druck: Books on Demand GmbH, In de Tarpen 42, 22848 Norderstedt

Imprint
Publisher: BABADADA GmbH, Nedderfeld 112 , 22529 Hamburg, Germany
Managing Director / Publishing direction: Harald Hof
Print: Books on Demand GmbH, In de Tarpen 42, 22848 Norderstedt

classroom
el aula

divide
dividir

186/2

board
la pizarra

school yard
el patio

teacher
el maestro/a

paper
el papel

write
escribir

pen
el bolígrafo

desk
el escritoria

ruler
la regla

book
el libro

pupil
el alumno/a

satchel
la cartera

pencil case
la caja de lápices

pencil
el lápiz

pencil sharpener
el sacapuntas

rubber
la goma de borrar

drawing pad
el cuaderno de dibujo

drawing

el dibujo

paintbrush

el pincel

paint box

la caja de pinturas

scissors

las tijeras

glue

el pegamento

exercise book

el cuaderno de ejercicios

homework

los deberes

number

el número

add

sumar

subtract

restar

multiply

multiplicar

calculate

calcular

letter

la letra

alphabet

el alfabeto

word

la palabra

text

el texto

read

leer

chalk

la tiza

lesson

la lección

register

el cuaderno de notas

examination

el examen

certificate

el certificado

school uniform

el uniforme

education

la educación

encyclopedia

la enciclopedia

university

la universidad

microscope

el microscopio

map

el mapa

waste-paper basket

la papelera

hotel
el hotel

hostel
el albergue

currency exchange office
oficina de cambio de divisas

car
el coche

language
el idioma

yes / no
sí / no

Okay
Vale

hello
hola

translator
el traductor

Thank you
Gracias

how much is...?

¿cuánto es...?

I don't get it

No entiendo

problem

el problema

Good evening!

¡Buenas tardes!

Good morning!

¡Buenos días!

Good night!

¡Buenas noches!

goodbye

adiós

direction

la dirección

luggage

el equipaje

bag

la bolsa

backpack

la mochila

guest

el invitado

room

la habitación

sleeping bag

el saco de dormir

tent

la tienda de campaña

tourist information

la información turística

beach

la playa

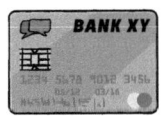

credit card

la tarjeta de crédito

breakfast

el desayuno

lunch

el almuerzo

dinner

la cena

Ticket

el billete

elevator

el ascensor

stamp

el sello

border

la frontera

customs

la aduana

embassy

la embajada

visa

la visa

passport

el pasaporte

travel - el viaje

airplane
el avión

ship
el barco

fire truck
el coche de bomberos

bus
el autobús

truck
el camión

motorboat
la lancha a motor

bike
la bicicleta

car
el coche

ferry

el transbordador

boat

la barca

motorbike

la moto

police car

el coche de policía

racing car

el coche de carreras

rental car

el coche de alquiler

car sharing

el préstamo de vehículos

tow truck

la grúa

garbage truck

el camión de la basura

engine

el motor

fuel

la gasolina

fuel station

la gasolinera

traffic sign

la señal de tráfico

traffic

el tráfico

traffic jam

el atasco

parking lot

el aparcamiento

train station

la estación de tren

tracks

las vías

train

el tren

tram

el tranvia

wagon

el vagón

helicopter

el helicóptero

airport

el aeropuerto

tower

la torre

passenger

el pasajero

container

el contenedor

carton

la caja de cartón

cart

la carretilla

basket

la cesta

take off / land

despegar / aterrizar

city

la ciudad

village

el pueblo

city center

el centro de la ciudad

house

la casa

movie theater
el cine

advert
el anuncio

street light
la farola

CINEMA

street
la calle

taxi
el taxi

snack shop
el quiosco

pedestrian
el peatón

sidewalk
la acera

zebra crossing
el paso de cebra

dumpster
contenedor de basura

crossing
el cruce

traffic lights
el semáforo

hut
la cabaña

apartment
el apartamento

train station
la estación de tren

city hall
el ayuntamiento

museum
el museo

school
la escuela

university

la universidad

bank

el banco

hospital

el hospital

hotel

el hotel

pharmacy

la farmacia

office

la oficina

book shop

la librería

shop

la tienda de campaña

flower shop

la floristería

supermarket

el supermercado

market

el mercado

department store

los grandes almacenes

fishmonger's shop

la pescadería

mall

el centro comercial

harbor

el puerto

park

el parque

bench

el banco

bridge

el puente

stairs

las escaleras

subway

el metro

tunnel

el túnel

bus stop

la parada de autobús

bar

el bar

restaurant

el restaurante

postbox

el buzón

street sign

el poste indicador

parking meter

el parquímetro

zoo

el zoo

swimming pool

la piscina

mosque

la mezquita

farm
la granja

pollution
la contaminación

cemetery
el cementerio

church
la iglesia

playground
el patio de juego

temple
el templo

landscape
el paisaje

signpost
la señal

path
el camino

meadow
el prado

stone
la piedra

tree
el árbol

hiker
el excursionista

river
el río

grass
la hierba

flower
la flor

valley

el valle

hill

la colina

lake

el lago

forest

el bosque

desert

el desierto

volcano

el volcán

castle

el castillo

rainbow

el arcoíris

mushroom

el champiñón

palm tree

la palmera

mosquito

el mosquito

fly

la mosca

ant

la hormiga

bee

la abeja

spider

la araña

beetle

el escarabajo

frog

la rana

squirrel

la ardilla

hedgehog

el erizo

hare

la liebre

owl

la lechuza

bird

el pájaro

swan

el cisne

boar

el jabalí

deer

el ciervo

moose

el alce

dam

la presa

wind turbine

la turbina eólica

solar panel

el panel solar

climate

el clima

waiter
el camarero

menu
el menú

chair
la silla

soup
la sopa

pizza
la pizza

cutlery
la cubertería

tablecloth
el mantel

starter

el primer plato

main course

el plato principal

dessert

el postre

drinks

las bebidas

food

la comida

bottle

la botella

fast food

la comida rápida

street food

la comida callejera

teapot

la tetera

sugar bowl

el azucarero

portion

la porción

espresso machine

la cafetera expreso

high chair

la trona

bill

la cuenta

tray

la bandeja

knife

el cuchillo

fork

el tenedor

spoon

la cuchara

teaspoon

la cucharilla

serviette

la servilleta

glass

el vaso

plate

el plato

soup plate

el plato hondo

saucer

el platillo

sauce

la salsa

salt shaker

el salero

pepper mill

el molinillo de pimienta

vinegar

el vinagre

oil

el aceite

spices

las especias

ketchup

el ketchup

mustard

la mostaza

mayonnaise

la mayonesa

special offer
la oferta especial

customer
el cliente

dairy products
los lácteos

FOR

fruit
la fruta

shopping cart
el carro de compra

butcher's shop

la carniceria

bakery

la panadería

weigh

pesar

vegetables

las verduras

meat

la carne

frozen food

los alimentos congelados

cold cuts
los fiambres

canned food
las conservas

detergent
el detergente en polvo

candy
los dulces

household products
productos de uso doméstico

cleaning products
productos de limpieza

sales representative
la vendedora

cash register
la caja de cartón

cashier
el cajero

shopping list
la lista de la compra

opening hours
el horario de atención al público

wallet
la cartera

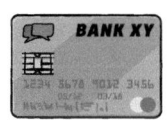

credit card
la tarjeta de crédito

bag
la bolsa de plástico

plastic bag
la bolsa de plástico

water

el agua

juice

el zumo

milk

la leche

coke

la cola

wine

el vino

beer

la cerveza

alcohol

el alcohol

cocoa

el cacao

tea

el té

coffee

el café

espresso

el expreso

cappuccino

el capuchino

banana

el plátano

apple

la manzana

orange

la naranja

melon

el melón

lemon

el limón

carrot

la zanahoria

garlic

el ajo

bamboo

el bambú

onion

la cebolla

mushroom

el champiñón

nuts

las avellanas

noodles

los fideos

spaghetti

las espagueti

rice

el arroz

salad

la ensalada

fries

las patatas fritas

fried potatoes

las patatas fritas

pizza

la pizza

hamburger

la hamburguesa

sandwich

el sándwich

escalope

el filete

ham

el jamón

salami

le salami

sausage

la salchicha

chicken

el pollo

roast

el asado

fish

el pescado

porridge oats

los copos de avena

muesli

el muesli

cornflakes

los copos de maíz

flour

la harina

croissant

el cruasán

bread roll

el panecillo

bread

el pan

toast

la tostada

cookies

las galletas

butter

la mantequilla

curd

la cuajada

cake

el pastel

egg

el huevo

fried egg

el huevo frito

cheese

el queso

ice cream

el helado

sugar

el azúcar

honey

la miel

jelly

la mermelada

nougat cream

la crema de turrón

curry

el curry

goat

la cabra

cow

la vaca

calf

el ternero

pig

el cerdo

piglet

el cerdito

bull

el toro

goose

el ganso

duck

el pato

chick

el pollo

hen

la gallina

cockerel

el gallo

rat

la rata

cat

el gato

mouse

el ratón

ox

el buey

dog

el perro

dog house

la perrera

garden hose

la manguera

watering can

la regadera

scythe

la guadaña

plow

el arado

sickle

la hoz

hoe

la azada

pitchfork

la horca

axe

el hacha

pushcart

la carretilla

trough

el abrevadero

milk can

la lechera

sack

el saco

fence

la valla

stable

el establo

greenhouse

el invernadero

soil

el suelo

seed

la comilla

fertilizer

el fertilizador

combine harvester

la cosechadora

harvest

cosechar

harvest

la cosecha

yams

el ñame

wheat

el trigo

soya

el soja

potato

la patata

corn

el maíz

rapeseed

la semilla de colza

fruit tree

el árbol frutal

manioc

la mandioca

grain

las cereales

living room

la sala

bathroom

el cuarto de baño

kitchen

la cocina

bedroom

el dormitorio

kids room

la habitación de los niños

dining room

el comedor

floor

el suelo

wall

la pared

ceiling

el techo

cellar

el sótano

sauna

la sauna

balcony

el balcón

terrace

la terraza

pool

la piscina

lawn mower

el cortacésped

sheet

la sábana

bedspread

la colcha

bed

la cama

broom

la escoba

bucket

el balde

switch

el interruptor

carpet

la alfombra

drape

la cortina

table

la mesa

chair

la silla

rocking chair

el mecedora

armchair

la butaca

book
....
el libro

blanket
....
la manta

decoration
....
la decoración

firewood
....
la leña

film
....
la película

stereo system
....
el equipo de música

key
....
la llave

newspaper
....
el periódico

painting
....
la pintura

poster
....
el póster

radio
....
la radio

notebook
....
el cuaderno

vacuum cleaner
....
la aspiradora

cactus
....
el cactus

candle
....
la vela

fridge
el refrigerador

microwave oven
el microondas

kitchen scales
la balnza de cocina

toaster
la tostadora

laundry detergent
el detergente

stove
el horno

freezer
el congelador

dishwasher
el lavavajillas

cooker

la olla a presión

pot

la olla

cast-iron pot

la olla de hierro fundido

wok / kadai

el wok

pan

la cazuela

kettle

el hervidor

steamer

la vaporera

baking tray

la chapa de horno

crockery

la vajilla

mug

la taza

bowl

el tazón

chopsticks

los palillos

ladle

el cucharón

spatula

la espumadera

whisk

el batidor

strainer

el colador

sieve

el cedazo

grater

el rallador

mortar

el mortero

barbecue

la barbacoa

fireplace

la hoguera

chopping board

la tabla de picar

rolling pin

el rodillo

corkscrew

el sacacorchos

can

la lata

can opener

el abrelatas

oven cloth

el agarrador

sink

el lavabo

brush

el cepillo

sponge

la esponja

blender

la batidora

deep freezer

el congelador

baby bottle

el biberón

tap

ol grifo

bathroom
el cuarto de baño

heating
la calefacción

shower
la ducha

towel
la toalla

shower curtain
la cortina de la ducha

bubble bath
el baño de espuma

bathtub
la bañera

glass
el vaso

washing machine
la lavadora

tiles
las baldosas

tap
el grifo

potty
el orinal

sink
el lavabo

toilet

el inodoro

squat toilet

el inodoro rústico

bidet

el bidé

urinal

el urinario

toilet paper

el papel higiénico

toilet brush

la escobilla del váter

toothbrush

el cepillo de dientes

toothpaste

la pasta de dientes

dental floss

el hilo dental

wash

lavar

hand shower

la ducha de mano

douche

la ducha íntima

basin

la pila

back brush

el cepillo de espalda

soap

el jabón

shower gel

el gel de ducha

shampoo

el champú

flannel

la toallita

drain

ol dooagüc

creme

la crema

deodorant

el desodorante

mirror

el espejo

hand mirror

el espejo de tocador

razor

la maquinilla de afeitar

shaving foam

la espuma de afeitar

aftershave

la loción postafeitado

comb

el peine

brush

el cepillo

hair-dryer

el secador

hairspray

la laca

makeup

el maquillaje

lipstick

el pintalabios

nail varnish

el pintauñas

cotton wool

el algodón

nail scissors

el cortauñas

perfume

el perfume

bathroom - el cuarto de baño

washbag

el estuche de viaje

stool

la banqueta

weighing scales

la balanza

bathrobe

el albornoz

rubber gloves

los guantes de goma

tampon

el tampón

sanitary towel

la compresa

chemical toilet

el inodoro químico

alarm clock
el despertador

cuddly toy
el peluche

toy car
el coche de juguete

rattle
el sonajero

doll's house
la casa de muñecas

present
el regalo

balloon
el globo

bed
la cama

stroller
el coche de niño

deck of cards
los naipes

jigsaw
el puzle

comic
el tebeo

lego bricks

las piezas de lego

toy blocks

los bloques de juguete

action figure

la figura de acción

romper suit

el bodi (de bebé)

frisbee

el frisbee

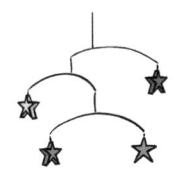

mobile

el colgador móvil para bebés

board game

el juego de mesa

dice

los dados

model train set

el circuito de tren eléctrico

pacifier

el maniquí

party

la fiesta

picture book

el álbum de fotos

ball

la pelota

doll

la muñeca

play

jugar

sandpit

el cajón de arena

swing

el columpio

toys

los juguetes

video game console

la videoconsola

tricycle

el triciclo

teddy bear

el oso de peluche

wardrobe

la guardarropa

clothing

la ropa

socks

los calcetines

stockings

las medias

tights

los leotardos

scarf
la bufanda

belt
el cinturón

umbrella
el paraguas

t-shirt
la camiseta

sneakers
las deportivas

boots
las botas

slippers
las zapatillas

sandals
las sandalias

shoes
los zapatos

rubber boots
las botas de goma

underwear
el slip

bra
el sostén

undershirt
el chaleco

body

el bodi

pants

los pantalones cortos

jeans

los vaqueros

skirt

la falda

blouse

la blusa

shirt

la camisa

pullover

el jersey

sweater

el suéter

blazer

el blazer

jacket

la chaqueta

coat

el abrigo

raincoat

la gabardina

costume

el traje

dress

el vestido

wedding dress

el vestido de novia

suit

el traje

nightgown

el camisón

pajamas

el pijama

sari

el sati

headscarf

el bandana

turban

el turbante

burka

la burka

kaftan

el caftán

abaya

la abaya

swimsuit

el traje de baño

trunks

el bañador

shorts

los pantalones cortos

tracksuit

el chandal

apron

el delantal

gloves

los guantes

button

el botón

glasses

las gafas

bracelet

el brazalete

necklace

el collar

ring

el anillo

earring

el pendiente

cap

la gorra

coat hanger

la percha

hat

el sombrero

tie

la corbata

zip

la cremallera

helmet

el casco

braces

los tirantes

school uniform

el uniforme

uniform

el uniforme

bib

el babero

pacifier

el maniquí

diaper

el pañal

server
el servidor

filing cabinet
el archivo

printer
la impresora

monitor
el monitor

paper
el papel

desk
el escritoria

mouse
el ratón

folder
la carpeta

keyboard
el teclado

waste-paper basket
la papelera

chair
la silla

computer
el ordenador

coffee mug

la taza de café

calculator

la calculadora

internet

el internet

laptop
el portátil

letter
la carta

message
el mensaje

cell phone
el móvil

network
la red

photocopier
la fotocopiadora

software
el software

telephone
el teléfono

plug socket
la toma de corriente

fax machine
el fax

form
el formulario

document
el documento

buy

comprar

pay

pagar

trade

comerciar

money

el dinero

 USD

dollar

el dólar

 EUR

euro

el euro

 JPY

yen

el yen

 RUB

rouble

el rublo

 CHF

Swiss franc

el franco suizo

 CNY

renminbi yuan

el renminbi yuan

 INR

rupee

la rupia

cash point

el cajero automático

currency exchange office

la oficina de cambio de divisas

gold

el oro

silver

la plata

oil

el petróleo

energy

la energía

price

el precio

contract

el contrato

tax

el impuesto

stock

la acción

work

trabajar

employee

el empleador

employer

el empleador

factory

la fábrica

shop

la tienda de campaña

police officer
el agente de policía

fireman
el bombero

cook
el cocinero

doctor
el médico

pilot
el piloto

gardener

el jardinero

carpenter

el carpintero

seamstress

la costurera

judge

el juez

chemist

el farmacéutico

actor

el actor

bus driver

el conductor de autobús

taxi driver

el taxista

fisherman

el pescador

cleaning lady

la señora de la limpieza

roofer

el techador

waiter

el camarero

hunter

el cazador

painter

el pintor

baker

el panadero

electrician

el electricista

builder

el obrero

engineer

el ingeniero

butcher

el carnicero

plumber

el fontanero

postman

el cartero

soldier

el soldado

architect

el arquitecto

cashier

el cajero

florist

el florista

hairdresser

el peluquero

conductor

el revisor

mechanic

el mecánico

captain

el capitán

dentist

el dentista

scientist

el científico

rabbi

el rabino

imam

el imán

monk

el monje

pastor

el sacerdote

las herramientas

hammer
el martillo

pliers
los alicates

screwdriver
el destornillador

wrench
la llave

torch
la linterna

excavator

la excavadora

toolbox

la caja de herramientas

ladder

la escalera de mano

saw

la sierra

nails

los clavos

drill

el taladro

repair
reparar

shovel
la pala

Damn!
¡Maldita sea!

dustpan
el recogedor

paint can
el bote de pintura

screws
los tornillos

musical instruments
los instrumentos musicales

drum set
la batería

loud speaker
el altavoz

guitar
la guitarra

double bass
el contrabajo

trumpet
la trompeta

piano

el piano

violin

el violín

bass

bajo

timpani

los timbales

drums

el tambor

keyboard

el teclado

saxophone

el saxofón

flute

la flauta

microphone

el micrófono

tiger
el tigre

cage
la jaula

zebra
la cebra

entrance
la entrada

animal feed
el pienso

panda
el panda

animals
los animales

elephant
el elefante

kangaroo
el canguro

rhino
el rinoceronte

gorilla
el gorila

bear
el oso

camel

el camello

ostrich

el avestruz

lion

el león

monkey

el mono

flamingo

el flamingo

parrot

el loro

polar bear

el oso polar

penguin

el pingüino

shark

el tiburón

peacock

el pavo real

snake

la serpiente

crocodile

el cocodrilo

zookeeper

el guardián de zoológico

seal

la foca

jaguar

el jaguar

pony

el poni

leopard

el leopardo

hippo

el hipopótamo

giraffe

la jirafa

eagle

el águila

boar

el jabalí

fish

el pescado

turtle

la tortuga

walrus

la morsa

fox

el zorro

gazelle

la gacela

American football
el fútbol americano

cycling
el ciclismo

tennis
el tenis

basketball
el baloncesto

swimming
la natación

boxing
el boxeo

ice hockey
el hockey sobre hielo

soccer
el fútbol

badminton
el bádminton

athletics
el atletismo

handball
el balonmano

skiing
el esquí

polo
el polo

jump
saltar

laugh
reír

hug
abrazar

walk
caminar

sing
cantar

dream
soñar

pray
rezar

kiss
besar

write

escribir

draw

dibujar

show

mostrar

push

empujar

give

dar

take

tomar

activities - las actividades 63

have

tener

do

hacer

be

ser

stand

estar de pie

run

correr

pull

tirar

throw

tirar

fall

caer

lie

yacer

wait

esperar

carry

llevar

sit

estar sentado

get dressed

vestirse

sleep

dormir

wake up

despertar

look at

mirar

cry

llorar

stroke

acariciar

comb

peinar

talk

hablar

understand

entender

ask

preguntar

listen

escuchar

drink

beber

eat

comer

tidy up

ordenar

love

amar

cook

cocinar

drive

conducir

fly

volar

activities - las actividades

sail

navegar

calculate

calcular

read

leer

learn

aprender

work

trabajar

marry

casarse

sew

coser

brush teeth

cepillarse los dientes

kill

matar

smoke

fumar

send

enviar

grandmother
la abuela

grandfather
el abuelo

father
el padre

mother
la madre

baby
el bebé

daughter
la hija

son
el hijo

guest

el invitado

aunt

la tía

uncle

el tío

brother

el hermano

sister

la hermana

forehead
la frente

eye
el ojo

shoulder
el hombro

face
la cara

finger
el dedo

chin
la barbilla

hand
la mano

breast
el pecho

leg
la pierna

arm
el brazo

baby

el bebé

man

el hombre

woman

la mujer

girl

la chica

boy

el chico

head

la cabeza

back
la espalda

belly
el vientre

navel
el ombligo

toe
el dedo del pie

heel
el talón

bone
el hueso

hip
la cadera

knee
la rodilla

elbow
el codo

nose
la nariz

buttocks
el trasero

skin
la piel

cheek
la mejilla

ear
el oído

lip
el labio

mouth

la boca

tooth

el diente

tongue

la lengua

brain

el cerebro

heart

el corazón

muscle

el músculo

lung

el pulmón

liver

el hígado

stomach

el estómago

kidneys

los riñones

sex

el sexo

condom

el condón

ovum

el ovario

semen

el semen

pregnancy

el embarazo

menstruation

la menstruación

vagina

la vagina

penis

el pene

eyebrow

la ceja

hair

el pelo

neck

el cuello

body - el cuerpo

hospital
el hospital

ambulance
la ambulancia

wheelchair
la silla de ruedas

fracture
la fractura

doctor

el médico

emergency room

la sala de urgencias

nurse

la enfermera

emergency

la urgencia

unconscious

inconsciente

pain

el dolor

injury

la lesión

bleeding

la hemorragia

heart attack

el infarto

stroke

el ictus

allergy

la alergia

cough

la tos

fever

la fiebre

flu

la gripe

diarrhea

la diarrea

headache

el dolor de cabeza

cancer

el cáncer

diabetes

la diabetes

surgeon

el cirujano

scalpel

el bisturi

operation

la operacion

CT
TAC

x-ray
los rayos x

ultrasound
el ultrasonido

face mask
la mascarilla

disease
la enfermedad

waiting room
la sala de espera

crutch
la muleta

plaster
la tirita

bandage
la venda

injection
la inyección

stethoscope
el estetoscopio

stretcher
la camilla

clinical thermometer
el termómetro

birth
el nacimiento

overweight
el sobrepeso

hearing aid
el audífono

disinfectant
el desinfectante

infection
la infección

virus
el virus

HIV / AIDS
VIH / SIDA

medicine
la medicina

vaccination
la vacunación

tablets
las tabletas

pill
la pastilla

emergency call
la llamada de urgencia

blood pressure monitor
el tensiómetro

ill / healthy
enfermo / sano

Help!

¡Socorro!

alarm

la alarma

assault

el asalto

attack

el ataque

danger

el peligro

emergency exit

la salida de emergencia

Fire!

¡Fuego!

fire extinguisher

el extintor de incendios

accident

el accidente

first-aid kit

el botiquín de primeros
auxilios

SOS

SOS

police

la policía

Europe

Europa

North America

Norteamérica

South America

Sudamérica

Africa

África

Asia

Asia

Australia

Australia

Atlantic

el atlántico

Pacific

el Pacifico

Indian Ocean

el Océano Índico

Antarctic Ocean

el Océano Antártico

Arctic Ocean

el Océano Ártico

North pole

el polo norte

South pole
....
el polo sur

Antarctica
....
La Antártida

earth
....
la tierra

land
....
la tierra

sea
....
el mar

island
....
la isla

nation
....
la nación

state
....
el estado

clock face

la esfera

hour hand

la manecilla de las horas

minute hand

el minutero

second hand

el segundero

What time is it?

¿Qué hora es?

day

el día

time

el tiempo

now

ahora

digital watch

el reloj digital

minute

el minuto

hour

la hora

week
la semana

Monday / lunes
Wednesday / miércoles
Friday / viernes
Tuesday / martes
Saturday / sábado
Thursday / jueves
Sunday / domingo

yesterday

ayer

today

hoy

tomorrow

mañana

morning

la mañana

noon

el mediodía

evening

la tarde

workdays

los días laborables

weekend

el fin de semana

rain
la lluvia

snow
la nieve

wind
el viento

spring
la primavera

fall
el otoño

summer
el verano

winter
el invierno

weather forecast

el pronóstico del tiempo

thermometer

el termómetro

sunshine

el sol

cloud

la nube

fog

la niebla

humidity

la humedad

lightning

el rayo

thunder

el trueno

storm

la tormenta

hail

el granizo

monsoon

el monzón

flood

la inundación

ice

el hielo

January

enero

February

febrero

March

marzo

April

abril

May

mayo

June

junio

July

julio

August

agosto

year - el año

September
septiembre

October
octubre

November
noviembre

December
diciembre

shapes

las formas

circle
el círculo

square
el cuadrado

rectangle
el rectángulo

triangle
el triángulo

sphere
la esfera

cube
el cubo

colors
colores

white
....
blanco

yellow
....
amarillo

orange
....
anaranjado

pink
....
rosa

red
....
rojo

purple
....
morado

blue
....
azul

green
....
verde

brown
....
marrón

gray
....
gris

black
....
negro

a lot / a little

mucho / poco

angry / calm

enojado / tranquilo

beautiful / ugly

bonito / feo

beginning / end

principio / fin

big / small

grande / pequeño

bright / dark

claro / oscuro

brother / sister

el hermano / la hermana

clean / dirty

limpio / sucio

complete / incomplete

completo / incompleto

day / night

el día / la noche

dead / alive

muerto / vivo

wide / narrow

ancho / estrecho

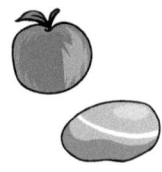

edible / inedible

comestible / no comestible

evil / kind

malo / amable

excited / bored

entusiasmado / aburrido

fat / thin

gordo / delgado

first / last

primero / último

friend / enemy

el amigo / el enemigo

full / empty

lleno / vacío

hard / soft

duro / blando

heavy / light

pesado / ligero

hunger / thirst

el hambre / la sed

ill / healthy

enfermo / sano

illegal / legal

ilegal / legal

intelligent / stupid

inteligente / tonto

left / right

izquierda / derecha

near / far

cerca / lejos

opposites - los opuestos

new / used
nuevo / usado

nothing / something
nada / algo

old / young
viejo / joven

on / off
encendido / apagado

open / closed
abierto / cerrado

quiet / loud
silencioso / ruidoso

rich / poor
rico / pobre

right / wrong
correcto / incorrecto

rough / smooth
áspero / suave

sad / happy
triste / contento

short / long
corto / largo

slow / fast
lento / rápido

wet / dry
húmedo / seco

warm / cool
cálido / frío

war / peace
guerra / paz

0

zero

cero

1

one

uno

2

two

dos

3

three

tres

4

four

cuatro

5

five

cinco

6

six

seis

7

seven

siete

8

eight

ocho

9

nine

nueve

10

ten

diez

11

eleven

once

12

twelve

doce

13

thirteen

trece

14

fourteen

catorce

15

fifteen

quince

16

sixteen

dieciséis

17

seventeen

diecisiete

18

eighteen

dieciocho

19

nineteen

diecinueve

20

twenty

veinte

100

hundred

cien

1.000

thousand

mil

1.000.000

million

el millón

numbers - los números

English
el inglés

American English
el inglés americano

Chinese Mandarin
el chino madarín

Hindi
el hindi

Spanish
el español

French
el francés

Arabic
el árabe

Russian
el ruso

Portuguese
el portugués

Bengali
el bengalí

German
el alemán

Japanese
el japonés

I

yo

you

tú

he / she / it

él / ella / ello

we

nosotros/as

you

vosotros/as

they

ellos/as

who?

¿quién?

what?

¿qué?

how?

¿cómo?

where?

¿dónde?

when?

¿cuándo?

name

el nombre

behind

detrás

in

en

in front of

delante de

over

por encima de

on

sobre

under

debajo de

beside

junto a

between

entre

place

el lugar